精神科医Tomyが教える

1秒で悩みが吹き飛ぶ言葉

精神科医Tomy

ダイヤモンド社

はじめに

アテクシ、Ｔｏｍｙと申します。ゲイで精神科医でなおかつコラムニストでもあります。精神科医という仕事は、限られた時間の中で多くの患者さんを診なければなりません。実はあまりゆっくり話を聞いたり、アドバイスしたりすることができないのが現状です。

そんな限られた状況でも、精神科医は患者さんの役にもっと立ちたい。それを解決するのが、「一言アドバイス」。適切なタイミングで適切な言葉を投げかけることができれば、その瞬間、患者さんの心がふわっと軽くなるのです。

アテクシはこうして数多くの患者さんを診ていくうちに、たくさんの言葉を見つけてきました。そして、その言葉をどんどんメモしてきたのです。

アテクシには30代、辛いことがありました。ずっとアテクシを守ってくれた父の突然の死。その数年後、「アテクシはこの人に出会うためにゲイに生まれ

たんだ」と思えるほどの出会いだったパートナーの死。そんな苦しいときも、自分がストックした言葉が支えてくれました。またその経験の中から、さらに多くの言葉が生まれてきました。アテクシがＴｗｉｔｔｅｒを本格的に始めたのは、そんな言葉を皆さんのお役に立てたいという思いからです。

だって、どんな悩みでも、共通する部分があるもの。１から悩まなくても、みんながそれを知ればずっと楽になるはず。こうして始めたＴｗｉｔｔｅｒは、２０１９年６月に３０００人前後だったフォロワー数が、１年ほどたったいま、気が付けば18万人にまで増えました。

そんなＴｗｉｔｔｅｒの言葉たちをまとめて出版した前著『精神科医Ｔｏｍｙが教える１秒で不安が吹き飛ぶ言葉』はおかげさまでご好評をいただきました。今回はその第2弾として「悩み」に焦点を合わせました。

人生に悩みはつきもの。どんなに解決していっても、次から次へと湧いてきます。でも、考え方次第で人生は変わるのです。さあ、ページをめくってみてください。あなたの悩みが吹き飛ぶ言葉が詰まっています！

Contents

Chapter 2

ほとんどの悩みは後で笑い話になるのよ

Chapter 3

失礼な人は近づけてはいけないわ

Chapter 4 思い通りに行かないって素敵なことよ

Chapter 1

最大の仕返しは気にしないことよ

Tomy's Voice

001

忘れる

最大の仕返しは
気にしないことよ。

相手の言動を過度に意識する必要はないわ。
たいてい大した問題じゃない。
忘れましょ、忘れましょ。

Tomy's Voice

002

批判

批判が口から出そうになったら、
なぜそう感じたのかを
考えるといいわ。
そうすると他人を攻撃せずに
学ぶことができるの。

攻撃的な態度って
知らないうちに癖になりやすいから、
こまめに自分の攻撃性はつぶしておく。
気にする価値なし！

Tomy's Voice

003

抑圧

ネガティブな気持ち、
攻撃的な気持ち。
そんな気持ちも
湧き上がってきて当然なのよ。

正論で抑圧しちゃダメ。

抑圧するとね、大きくなったり歪んだりするから。

「ああ、自分に今こんな気持ちがあるんだな」

と思って受け流す。

自分に寛大になるとね、他人にも寛大になれるの。

Tomy's Voice

004

弱さ

普段は、なめられててもいいのよ。
バカにされててもいいの。

いざという時、これ以上我慢ができないという時、
しっかり怒ることができればそれでいい。
なめたり、バカにしたりする人って、
その人自身が弱い人なの。
だから、好きにさせときなさい。

005

手抜き

疲れてるなら
遠慮なく手を抜きなさい。
続けられなくなるより
ずっといいから。

手を抜けば不満を言う人も出てくるけど、
その人はアナタが続けられるか
どうかまでは考えていない。
アナタの手を抜けるのはアナタだけなの。

Tomy's Voice

006

やる気

やる気なんて
なかなか出なくて当たり前よ。
むしろ精神医学的には、
「やる気まんまん」の方が要注意。

自制は利かないし、
やらんでもいいことやっちゃったりするし、
後で反動来るリスクもあるし。
「やだやだ、やる気しない」といいながら、
やらなきゃいけないことをやる。
これが普通。

Tomy's Voice

007

攻撃

なんとなく
攻撃的な人を見抜く方法。

言動に引っかかる人、チクチクする人、
なぜか疲れる人よ。
正体がはっきりしなくても、
そんな感覚があったら用心しましょ。

Tomy's Voice

008

話題

自分語りする人は要注意よ。基本的に「自分語り」っていらないのよね。

聞かれたら答えればいい。
自分から「俺ってさ」って言う必要はないのよ。
自分がどう見えるかは相手が決めることで、
自分が語ることじゃない。
何より問題は「相手がその話題を喜ぶか」
という観点がないことね。

Tomy's Voice

009

押し

押しに弱い人は、損をしてるわ。

相手のメリットが大きいから、
冷静に考えられると都合が悪いから、押してくるわけ。
強い押しを受けた時こそ、
ゆっくり立ち止まって考えてみましょう。
相手が本当にアナタのことを考えているのなら、
充分納得するまで待ってくれるわよ。

Tomy's Voice

010

生き方

生きるのは山登りとは違うのよ。
そこに山があっても
登らなくてもいいの。

花摘みしたり、蝶々追いかけたり、
ひたすら寝そべったり、おにぎり食べてたり。
それだけでもいいの。
楽しそうな生き方でいいの。

Tomy's Voice

011

口癖

「は？」という口癖は
やめたほうがいいわ。
攻撃的で、上から目線な
印象が出ちゃうのよ。

たった一言だけど、それだけで相手が畏縮して
「話がしにくい相手」と思われちゃうかもしれない。
悪気がなくても、いや悪気がないのなら尚更、
この口癖は直した方が人間関係円滑に行くわ。

Tomy's Voice

012

あきらめ

あきらめるって妥協じゃないの。
あきらめるという選択肢を
勇気をもって選んだだけ。

前進よ。
がんばったわよ。

Tomy's Voice

013

離れる

**人を好きでい続けるためには、
会っている時間を
楽しい時間にすることよ。**

イライラしたり疲れる前に離れるの。
好きだからといって四六時中一緒なのも考え物よ。
愛情って結構単純なところもあって、
会う度に嫌な気分になると、
相手に責任がなくても嫌になっちゃうのよね。

Tomy's Voice

014

器

器を大きくする。

相手に腹が立ったら、
「自分はおんなじようなこと、
今まで一切やったことないか」
と問うてみるのよ。
意外と自分もやらかしていることに気がつくと、
半分ぐらいは「仕方ないわねえ、
次から気をつけなさいね」と思える。
それでも残る怒りは、本物のやつね。

Tomy's Voice

015

繰り返し

毎日の繰り返しで疲れると、

「人生こんなんでいいのかな」

なんて思うわよね。

でも、毎日の繰り返しこそが人生なのよ。
毎日派手にいろいろやってる
（あるいはやってるフリの）有名人は多いけど、
あれはお仕事だから。
実際には彼らなりの毎日が繰り返されているわ。
繰り返しの中に価値がある。

答えのないことって…
答えのないことでも余裕のあるときにウンウン考えておくって大事なのよ。
人はなぜこの世に生まれて死んでゆくのか…
苦手な人とどうつきあっていくべきか…
ブルーハワイって何味なの…
ウウム
で、考え疲れたらとりあえず考えるのをやめる。
あーもうわかんね
また考えればいいや!
ナゾ
ナゾ
いったんポイ!
こうしておくと、自分のアイデアのピースが頭の中にたくさん転がっている状態になる。
タイミングがくるとこれらがつながって大きな答えになるのよ♥
正解
バーン!

Tomy's Voice

016

ツキ

「ツイてない」と思う日は
あまり動かない方がいいわ。

別に運勢的な話じゃなくて、
ツイてない日は疲れていて
不注意が多いんだと思うの。
こんな時は動けば動くほど
不注意から来るミスをする。
だから、あまり動かない方がいい。

Tomy's Voice

017

不必要

ストレス溜めやすい人って
「不必要なノルマ」を
作る癖があるのよね。

「この年までに○○しなきゃダメ」

「恋人は○○じゃないとダメ」

「休日はお出かけしないとダメ」

知らないうちにいっぱいノルマ作ってないかしら？

そのノルマ、本当に必要かしら？

Tomy's Voice

018

ゆとり

いくら忙しくても、
帰って寝るだけの生活だと
疲労感溜まるのよ。

できれば、1時間以上は寝る前に
ゴロゴロタイム作ると良いわ。
この1時間のゆとりが心をメイクするのよ。

Tomy's Voice

019

承認

自己承認欲求は、
自分で自分を承認できれば
パーフェクトに解決よ。

他人に承認させようとするから、
苦しくなったり面倒くさくなったりするの。
方法は、何かに夢中になること。
夢中になることがなければ、探すこと。
自分の足で自分の人生を歩くこと。

Tomy's Voice

020

やるせなさ

やるせない気持ちっていうのは、どうにもできないからやるせないの。

だから、これで最終形。
何とかしなくていい。
どこかに持っていかなくてもいい。
気持ちっていうのはフワフワして持続性がないから、
他に意識向けていれば薄れるわ。
それができないときは、
自分で思い出して強化してるだけ。

Tomy's Voice

021

続ける

仕事でも勉強でも、
一番大切なことは継続することよ。

いくら気合いを入れて集中しても、
継続できなくなったら意味がない。
だから「がんばる」ということは
力を入れるんじゃなくて、
「いかに無駄なエネルギーを使わないか」なのよ。
疲れを最小限にする＝がんばる。

Tomy's Voice

022

好き

その人との関係性に
疑問があるのなら、
こう自分に聞いてみるといいわ。

「その人といる自分が好きですか？」

Tomy's Voice

023

言い訳

最初に言っていたことと、話が違ってくる人は要注意ね。たとえ小さな違いでも。

それなりの言い訳をいってきても、
安易に「そっか」と流すのは危険。
こういう人は、
「うまく言い訳ができれば
しっかり約束を守らなくていい」
と考えている可能性が大よ。
あまり関わらないほうがいいわ。

Tomy's Voice

024

向き不向き

自分が向いてないと思うことは
一生懸命やらなくてもいいのよ。

全能を目指す為に生きてるわけじゃないもの。
得意なことを伸ばすか、
好きなことをやるか、
それでいいのよ。

Tomy's Voice

025

意見

アナタを理解してくれる人の意見を聞きましょ。

アナタと敵対する人が、
為になるアドバイスなんかするわけがないのよ。
でも人がいいと「他人の意見はありがたいです」
と誰の意見でも素直に受け入れすぎるのよ。
そうするとアナタが迷走して壊れちゃうから。
「誰の意見か」が大事。

Tomy's Voice

026

人生

人生とは
「アナタが使える時間」のことよ。

だから、達成した物事や出来事で考えなくていいの。
自分の時間をちゃんと味わえたかでいいの。
もちろん、他人と比較することもない。
自分は他人の時間を生きていないから。

Tomy's Voice

027

返事

相手が「なんか変なこと
いってるな」と感じたら、
なんとなく応じちゃダメ。

「また返事します」と答えて、いったん引き上げること。
このときに「大したことないんでOKしてください」
とたたみかけられたら、なおさら引き上げるべきよ。
適当に返事したことが
大事につながることって多いのよ。

Tomy's Voice

028

顔色

ついつい顔色を
うかがってしまう人へ。

超能力でもない限り、
相手が何を考えているのかなんて、
わかりようがないのよ。
わからないものに労力を使っても仕方がない。
ちゃんとアナタのことを考えてる人は、
はっきり伝えてくれるわよ。
顔色をうかがうべき人などいないんだから。

Tomy's Voice

029

認める

誰かの話をするわ。

彼は、大切な人が亡くなった後、とてもがんばった。
でも、本当は大切な人に、がんばってるね
っていってほしかった。
でも、それは無理だった。
あるとき、彼はがんばってることは
自分が一番わかってたから、
自分で認めることにした。
そうしたら、再び大切な人に出会えたのよ。

Tomy's Voice

030

眺める

大好きだったものが
そうじゃなくなるのは
とても寂しいことだけど、
自分が変化して物の見方が
変わったせいなのかもしれないわ。

それを「成長」とも言うのよ。
ならば寂しいことだとは限らない。
全てのものは移ろいゆく。
ただ味わうように眺めていくのが一番いいわ。

Tomy's Voice

031

本性

その人の本性は、
小さなところに表れるわ。

挨拶とか、お金の使い方とか、
時間の約束とか、謝罪するかどうかとかね。
気合いの入ったところや、大事なところでは
誰もが気を張って臨むから、本性はわかりづらい。
小さなところは油断するから、
大きなヒントが隠されているの。

相談

「私は幼い頃から両親に厳しく躾けられたことが原因なのか、自分の感情を押し殺すようになってしまい、仲のよい友達にさえ素の自分をなかなか見せられないでいます。いつも自信がなく、つくり笑いしてしまったり、自分の意見を言えなかったりで、本当につらいです」（女子高校生）

それがアナタの「素直」なのよ！

「自分の感情を押し殺して素直に表現できない」――それがアナタらしさであって、素直な貴方なんじゃないかしら？　まず、自分のそのままを素直に認めるところから始めるのがいいわよ。

もちろん、素直にいろいろ表現できたほうがメリットもあるわ。だけどそうじゃないからといって、別に悪いわけじゃない。まずは「自分を素直に受け入れていいんだ」と思うことね。

その上で、「自分の理想」を目指してみましょ。まずは、小さなところから練習するといいわね。まず、自分の意見を言えそうなことから言う練習をする。そして、相手の意見も聞いてみる。そうするとハードルが低くなるわ。

たとえば、

「私はラーメン食べたい気分だけど、あなたはどう？」

これぐらいからでもいいのよ。

それができるようになってから、少しずつ自分の意見をステップアップさせていくのよ。自分の意見を言うのは悪いことじゃなくて、むしろ相手への思いやりでもあるの。

「なんでもいい」って一番相手が困る返事だからね。さあ、素直に自分の意見を言う練習、レッツゴー！

Tomy's Voice

032

受け流す

受け入れられない現実を
どうしたら受け入れられるか。

それは受け入れようとしないこと。
受け入れられない事態だから受け入れられないの。
無理に受け入れたら壊れるわ。
何でもかんでも自分の中に採り入れて、
消化しなくたっていいのよ。
それでも生きていけるんだから。

033

仲間

仲間外れにならない
究極の方法は、
最初から仲間にならないことよ。

仲間になる必要のない
グループには、
最初からつかず離れずで
いいのよ。

Tomy's Voice

034

性格

性格だから
変わらないと言うのは嘘。
変わりたいと思っていれば
少しずつ変わるわ。

玉ねぎの皮をはぐようにね。
大切なのは、より良くなりたいという気持ち。
追い込まない心。あきらめない勇気。

Tomy's Voice

035

気まま

気まま力って大事よ。

「いつもこの時間は散歩してるけど、
今日の自分はちょい疲れてるから半身浴にしよう」
これが気まま力。
自分の今の声を聞き取って柔軟に行動する力。
自分が自分のコンシェルジュになるの。
「なんかだるいけど、
今は散歩の時間だから散歩しなきゃ」
これは駄目よ〜。

036

直感

直感で「これだ！」と選べる時は、時間がかからないのに、満足度も高いわ。


逆に時間かけてあれこれ悩むと、後で不満が出てくる。

選ぶのに時間がかかるというのは、言い換えれば決定的なものがないということなのよね。

そんなときは、今は何も選ばないが正解かもよ。

Tomy's Voice

037

眺める

感情や執着を追いかけない練習。やり方はこうよ。


ぼーっとして、自分の気持ちを眺める。

「あ、今もやもやしてるなあ」

「あ、今自分のことネガティブに考えてるなあ」

他人事のように眺めてそのまま置いておく。

慣れると、いろんなこと考えては
消えていくのがわかると思うわ。

Tomy's Voice

038

孤独

どんな人にも
孤独な時期があるのよ。

そういうときは、「今は孤独が友」とわりきって、
一人で完結する練習をすればいいわ。
ちゃんと役に立つときがくるし、
孤独を友にできれば、
実の友との時間がさらに充実したものになるわ。
泣かないで。あるいはいっぱい泣いて。

Tomy's Voice

039

部分

どんなに上手く
いっているように見える人でも、
いつも、何においても
上手くいっている人なんて
いないのよ。

羨む人は、その人の上手くいっている部分しか
見てないだけ。
自分の上手くいっている部分を見ないだけ。

Tomy's Voice

040

善良

どんなに見た目がよくても、
どんなに能力が高くても、
善良な人間でなければ意味がないわ。

善良さに勝る魅力はない。
善良さを保つだけで、アナタは素敵な人よ。

Tomy's Voice

041

ほどほど

嫌いなことより、好きなことの方が要注意よ。

嫌いなことは、
やりたくない気持ちがストッパーになるけど、
好きなことはついつい無理してやりすぎる。
キャパを超えてやりすぎれば、
好きなことも害になるわ。
例えばうつ病や怪我などは
好きなことが要因になりやすい。
好きなことほど、程々に。

Tomy's Voice

042

自分

他人との関わり合い方は自分で調整できるわ。

同じ職場、同じ学校、同じ家にいても、相手との距離感は自分が決めるのよ。最低限の関わりは必要だけど、自分への影響力を管理するのは自分。自分の心は自分の聖域なの。

Tomy's Voice

043

種類

世の中には
二種類の人間がいるのよ。

与えることで自分も豊かになると知っている人と、
奪うか奪われるかだと思っている人よ。
後者に近づくといつか奪われるわ。
前者の友を作り、自分も前者になったほうがいい。

Tomy's Voice

044

否定

いきなり初対面から
「何かを否定する話」で
始める人は要注意ね。

こういう人は否定することに慣れている。
慣れすぎちゃって、
そういう話題がＴＰＯに合わないって
感覚もないのよ。
いつか自分も陰で否定されるわ。

Tomy's Voice

045

ぶれない

一番多くの人に好かれる方法は、
「多くの人に
好かれようとしないこと」よ。

自分の信念に基づいて、
ぶれない人が多くの支持を集めるの。
うっかり逆をやりがち。

Tomy's Voice

046

つながる

「この人とつながっておくと得だから」と思ってつながるのはやめましょう。それは媚びよ。

媚びると自分も無理しちゃうし、相手にも伝わるし。
お互い無理やり会っている感じになって、誰も得しない。
この人素敵！ この人一緒にいて楽しい！
そうつながるのが一番で、面白いものも生まれる。

Tomy's Voice

047

焦り

焦る気持ちってうつるのよ。

だから自分が焦って不安になりやすい人は、
焦る人から離れること。
どっしり、ちょっとぐらいぼうっとした人と
いるぐらいがちょうどいい。

マンガでTomy
行動を変えるって…
何かを変えたいのなら…
また休日をほとんど寝て過ごしてしまった…
私、こんなことでいいのかな…
変わりたいな…
ズーン
でも何から変えていけばいい…?
行動を変えるのが一番いい!!
駅までバスじゃなく歩いて行ってみよう
あれ、こんなところに花屋さんが!?
それができないときは意識するだけでもだいぶ違うのよ
あ…あそこに新しいカフェができてる
今度の休日早起きして行ってみよう!
意識するってものの考え方を変えるってことだから。
ステキ♥

Chapter 2

ほとんどの悩みは後で笑い話になるのよ

Tomy's Voice

048

変える

自分は変えられるけど、
他人は変えられない。
これは確かに事実よ。

でも、これを「全て自分のせい」と解釈するのはちょっとストイックすぎるわね。
「自分にやれることがある！」ぐらいの解釈でいいのよ。
自分は変えられるんだから、いつでも可能性がある。
素敵素敵。

Tomy's Voice

049

ほめる

頑張った時に
ほめてくれる人がいるのなら、
それはとてもとても
幸せなことなのよ。

たいていは本当に大変なときに限って、
ほめてくれる人がいない。
でも、それが普通なの。

Tomy's Voice

050

遠ざける

何かを遠ざけるということは、強く関わることと同じなのよ。

遠ざける以上、
常に意識し続けなければいけないから。
本当に関わりたくないのなら、
遠ざけることすら忘れる方がいいわ。
簡単じゃないけど、関わりたいもの、
好きなもので頭を埋めるようにすると
少しずつできてくる。

Tomy's Voice

051

わからない

「わからない」って言うこと大事なのよね。

診察の上手い先生は、
みんなわからないことはケロッと
「それわからないです」って言うのよ。
「わからない」って言うのは、
悪いことでも、恥ずかしいことでもありません。
普段から言えるようにしておくといいわよ。

Tomy's Voice

052

沈黙

人とうまく付き合いたいのなら、
疲れたらとりあえず黙ってみること。

無理に間を持たせようとすると、疲れてしまうわ。
お互い居心地のいい相手なら
マッタリした時間になるものよ。
黙ってみないと、沈黙を楽しめる相手かどうか、
いつまでたってもわかりゃしない。

Tomy's Voice

053

自信

人に嫌われそうなことでも、自分なりに理由があってやらざるを得ないのなら、しっかりやりなさい。

他者はアナタに対して無責任よ。何となくで良く言い、何となくで悪く言う。自分に責任がとれるのはアナタだけ。自信を持って行きなさい。

Tomy's Voice

054

良く生きる

自分の死について考えることは
普段からしておいたほうが
いいと思うの。

死に際に想うとき、全てのことはどうでもよくなって、
ただ「良く生きたなあ」とだけ思えれば満足でしょう。
全てのことは「良く生きる」
それだけにつながればいいのよ。

Tomy's Voice

055

しがらみ

自由というのは、
しがらみがあるからこそ
生き生きと感じられるものよ。

何も束縛するもののない状態は、
むしろ試練だと思う。
束の間の間だけ自由を楽しみ、
「嫌だ嫌だ」といいながら
しがらみの中に帰っていくのが、一番幸せ。

Tomy's Voice

056

攻撃

攻撃的な人って
どこにでもいるものよ。
そして、攻撃対象は誰でもいいの。

アナタだから攻撃したわけじゃないの。
逃げましょ。

Tomy's Voice

057

時間

素晴らしい人と出会えたとしても、その人に多くの役割を持たせすぎてはダメよ。

楽しく過ごす時間がちょっとでも得られるのなら、それだけでいいの。

Tomy's Voice

058

恩

恩は、ちょっと多めに
返すぐらいでいいわ。

本当に感謝している相手なら。
この多めの恩がのりしろになって絆になるの。
ただし、自分の意志で返す場合はね。
相手が要求してくるのは、ただのたかり。

Tomy's Voice

059

言葉

言葉はすぐには届かないわ。

いつか言葉が理解できるような経験をして、
誰かの言葉を思い出したとき、
本当の意味を持つのよ。
だからすぐに届かなくても
伝えることは大切なの。

Tomy's Voice

060

新人

入ったばかりの職場は
１ヶ月ぐらいは楽しいのよ。

職場は新人に期待し、新人は新しい職場に期待する。
前任者や前の職場で
嫌な思いをしていることが多いから尚更。
でも、３ヶ月ぐらいすると熱が冷めてアラが見えて、
お互い嫌になる。
お互い最初から期待せず、
淡々とこなした方が上手くいくわ。

061

一傷

何か嫌なことがあっても、「そんなことで私は自分の心を傷つかせない！」と唱えるとダメージが減るわ。

くだらない事やくだらない人に、
自分の大切な心を傷つけさせるもんですか。
これが、スポコンストレス軽減法よ。
悲しくったってー。

062

時期

自分のダメな時期というのは、素直に認めてあげるほうがいいわ。

そして、ダメな時期はそこにいるだけで良しとする。
誰も生きている限り成長しろなんて決めてないもの。
人生は生きてりゃ先に進むからそれでいいわ。

Tomy's Voice

063

乗る

先日USJに行ったアテクシ。
ふと思ったの。

人生はテーマパークとちょっと似ている。
全部のアトラクションに乗るのは無理。
でも、自分が乗りたかった物に乗れれば満足。
自分が人生で選びたいアトラクションに乗れたら、
それでいいのよ。

Tomy's Voice

064

優しく

自分に厳しく、
他人に優しいとつぶれる。
自分に優しく、
他人に厳しいと争いになる。

自分に優しく、他人に優しく生きるのが
一番いいと思うわ。

Tomy's Voice

065

自分

一番癒してくれる人は、
一番怒ってくれる人は、
一番泣いてくれる人は、
一番人生に影響を
与えてくれる人は、そう、自分なの。

自分を最大の理解者にすることは大切なことよ。
その上でパートナーシップを築きましょ。
一人でもやっていける。
さらにアナタがいたらお互いもっと輝ける。

Tomy's Voice

066

後悔

くよくよと後悔してしまう人へ。

後悔してもいいのよ。
だってそれがアナタの気持ち。
思う存分くよくよして、
最後に「今度はこうしよう」と切り上げればいいの。

マンガでTomy
頑張るって…
「頑張る」にはコツがあるわ。それは…
極力「頑張っている感覚をなくす」こと。
課題
うへぇ…
たとえば
睡眠時間は削らない。
続きは明日…
一時間ごとに休憩を入れてやることを変える。
フーーッ
好きな音楽を聴きながらやる。
いつもと違う場所でやる。
図書館とか…
何でもいいの
頑張る時間をデコレーションしてちょっと素敵な時間にするの♥
がんばる

Tomy's Voice

067

好きな人

恋愛に限らず、
好きな人を
沢山作ることって大切よ。

嫌いな人とだと旅行だって苦痛になるのに、
好きな人とだとジャンケンだって楽しいじゃない？

Tomy's Voice

068

居場所

「ここは本当は
自分の居場所じゃない」って
思い続けていると、
アナタの才能が
なかなか花開かないのよ。

「どれ、とりあえずここで腰を据えてみようかねえ」
って思うところから始まるわ。

Tomy's Voice

069

絆

一度でも
信頼できない行為があると、
一瞬で関係は崩れてしまうわ。

定義が「常に信頼のおける関係」
ではなくなってしまうから。
アナタが大切に育て上げてきている絆は
繊細な生き物よ。
常にかわいがってあげてちょうだいね。

Tomy's Voice

070

生きる

格好いい人は
今を大切に生きる人。
かわいい人は
自分に素直に生きる人。

今を大切に、自分に素直に生きれば格好かわいい人。
しかもこれは誰でも年齢問わず目指せるわ。

Tomy's Voice

071

言動

人を見るときは、
人を判断するのではなく、
その言動を
判断するようにした方がいいわ。

素晴らしい人だと思っても、
疑問のある言動をとることがある。
ダメな人だと思っていても、
立派に成長していることがある。
言動だけを見ていれば、柔軟に人が見えてくる。

Tomy's Voice

072

好意

人の好意に甘えるのも優しさの一つなのよ。

相手は心配していて、
助けになりたがっているわけだから。
迷惑じゃなければ、
好意に甘えてお願いしちゃいなさい。
お返しは相手が困っているときでいいの。

Tomy's Voice

073

悩み

全部じゃないけれど、
ほとんどの悩みは
後で笑い話になるのよ。

「あんときゃひどかったけどさ、
もうあんな思いやだねー」
と言いながら友人と酒を飲む程度のお話にね。
今の悩みも、やがて過去に過ぎていくから大丈夫よ。

Tomy's Voice

074

仕事

やりたい仕事をやるっていうのは素敵なことだけど、それだけを求めてはいけないわ。

なぜなら、仕事というのは基本は
「求められていることをやる」ものだから。
「これならやっていけそう」なら、
多少退屈でもやりがいが少なくてもいい職場よ。

Tomy's Voice

075

宝物

大切な人をなくした人へ。

それは悲しいというには、
悲しすぎて、辛いというには辛すぎる。
でも、それだけの愛を持てた人がいたこと、
その愛がアナタの中に紛れもなくあるということは、
素晴らしいことじゃないかしら。
それこそがアナタに残された宝物。

Tomy's Voice

076

人間関係

プライベートの人間関係を無理やり定義しない方がいいわ。

たとえば親友に、「親友だよね」と確認しないでしょ。
気がついたら、「あいつは親友だなあ」と思えるようになっているもの。
逆に「親友だよね」と言ってくる人は親友じゃない。
定義しようとすると人間関係が浅はかになるのよ。

Tomy's Voice

077

個性

自分に個性がある以上、相手は
1．好いてくれる人
2．嫌う人
3．無関心な人
のどれかに属するわ。

嫌われても2に属する人が増えただけよ。
目の前の人に拘《こだわ》るから辛いだけで、
既に1の人もいるから、そっちを大事にしましょ。

Tomy's Voice

078

ストレス

トラブルが起きたとき、
一番大切な能力は
「自分がどこまで対処したら
一番ストレスが少ないか」
見極める力よ。

納得いくまでやった方がストレスが少ない人もいるし、
適度に流した方がストレスが少ない人もいる。
どっちが優れているというわけじゃなく、
自分のタイプを見極めた方が楽なの。

Tomy's Voice

079

悩み

悩んでいるってことは、
頑張ってるってことなのよね。

だから悩んでるのに
「自分はだめだな」なんて思わなくていい。
「アタシ、がんばってるね！ うーんどうしようかな」
と悩む前に自分を認めておきましょう。

Tomy's Voice

080

切り替え

気持ちの切り替え方について書いてみるわね。

気持ちさえ切り替えれば、
嫌なことも流しやすくなるわ。
２限目が始まれば１限目のことは忘れられる。
コツは切り替えるときに
「顔を洗う」「コーヒーを飲む」
などの自分なりの切り替え動作を入れること。

Tomy's Voice

081

イタさ

人は皆イタい生き物ですわ。

価値観が違えばイタく見えて当然なのよ。
過去の自分がイタかったと感じても、
そう嘆くことなかれ。
今の自分の価値観から見てイタいと思うだけだから。
未来の自分から見れば
今の自分がイタいと思うかもしれませぬ。
つまりイタくてもいいのよ。

Tomy's Voice

082

一時

「時は金なり」っていうけれど、
時のほうが貴重よ。

お金は増やせるけど、時は増やせない。
人生の選択は、「使う価値のない時間を避ける」
ように選ぶのが一番いいわ。

Tomy's Voice

083

立場

裏切られたときの本質は、
「だまされた」というより、
「相手にとって嘘をついてもいい
立場の人間になった」
ということなのよ。

立場が変わってしまっている以上、
いろいろ話しあっても無駄なの。
なぜ「自分の立場が変わってしまったのか」
を考えたほうがいいわ。
大体はお金か、周囲の人間の影響ね。

Tomy's Voice

084

ストレス

「手放す」ということは、
「自分の心の管理する
領域を小さくする」ってことよ。

小さな部屋なら隅々まで目が届くし、
ずっと清潔に保てる。
だから手放すとストレスが減る。そういうこと。

Tomy's Voice

085

充実

充実なんかしてなくても、
生きていけるわよ。

「充実した」と言える瞬間があれば、ラッキー。
それぐらいでいいの。
牧草をもしゃもしゃ食べる
やぎぐらいの生き方でいいの。

Tomy's Voice

086

生き方

時に覚悟や勇気を持たないと
大きなものを失うことがあるの。

「こんなことはおかしい。自分の生き方じゃない」
と思うことは、
どんなに大変でも軌道修正した方がいいわ。
おかしいと思いつつ現状維持した結果
大きなものを失う。
結果としてもっとハードな生き方になる。
そういうことがあるのよ。

相談

「幼い頃から母親の言動に苦しめられてきました。自分勝手でいつも自分の都合のいいように物事を解釈し、不都合な事は全部人のせいにしてきます。自分の人生を母親のせいでダメにしたくはありません。関係の修復や改善が期待出来ない相手との関わり方や気持ちの持ち方を教えてください」（女子大生）

自分の人生は誰にも侵害されないわ！

お母様がどんな人間だって、アナタを強制的に閉じ込めることはできないし、あなたに命令することもできないのよ。「ああ、お母さんってこういう人間よね」って思いながら、適当にあしらうことも大切なのよ。

実際のところ、自分をお母様の中に閉じ込めてしまっているのは、自分自身の心でもあるの。お母様も、年配の一人の女性に過ぎないわ。今更お母様を変えることはできないから、アナタが変わるほうがいいのよ。

もちろんその上で、お母様と離れることはとっても大切なことだわ。ただ、アナタがお母様ときちんと距離をとれなければ、お母様が反対したら家から出ていけないかもしれないわよ。

大切なことは、アナタが自分の心を解放してあげることなのよね。そのためには、お母様の言うことを聞き流す練習をしましょう。やり方は意外と簡単でね、お母様の言うことの2割ぐらいを「聞かない」ようにする。それができたら3割、5割と増やしていくの。

「この子、あたしの言ってることを聞いてるのか聞いてないのか、よくわからないわ」って文句言われるぐらいがちょうどいいのよ。イメージとしては「壊れて時々音が聞こえないラジオ」かしら？

Tomy's Voice

087

停滞

**いろいろ試しても、
考えても上手くいかない
停滞期ってあるわよね。**

そういうときはしっかり停滞することが大事よ。
停滞することが停滞期のお仕事なんですからね。
進むときゃ進む。

Tomy's Voice

088

切なさ

好きな人に
会えないときの寂しさは、
寂しさではなくて切なさよ。

切なさはプラスの感情だと思うの。
いつ、どこにいてもソワソワ。
会いたいなと感じ、心は一点に向かっている。
会うことを考えればワクワクする。
この時間は紛れもなく幸せです。
さらに会える喜びの準備期間でもあるしね。

Tomy's Voice

089

好き嫌い

好きということは
「好き」「嫌い」という気持ちが
揺れ動くのも含まれるのよ。

好きになったり、
嫌いになったりしているうちは充分好きなのよ。
考えることもなくなってきたら
好きじゃなくなってる。

Tomy's Voice

090

思い出

過去のことを思い出すなら、
良い思い出だけにすればいいわ。

時間は限られてるのだから、
わざわざ嫌なことを思い出すのはもったいない。
嫌なことを思い出しそうになったら、
直ぐに良い思い出を取り出しましょう。
アテクシはそんな「良い思い出リスト」を
心の中に用意してます。

Tomy's Voice

091

変化

何かを大きく変えようとするとき、
最初はたいてい
結果がマイナスになるのね。

今までのやり方に馴染《なじ》んでいた者が離れるから。
新しいやり方が素晴らしいものであったとしても、
成果が出るのは時間がかかる。
その間軸をぶれさせずに、
どっしり見守ることが大切よ。大丈夫だから。

Tomy's Voice

092

異質

世の中には決して
相《あい》容《い》れない人というのがいるわ。

それはいい悪いの問題ではなく、
お互いに異質な存在なのよ。
なるべく接触しないようにするのが一番よ。
猛獣に襲わないよう説得するより、
猛獣がいる場所には近づかない。

Tomy's Voice

093

相手

出会いのコツっていうのがあるのよ。それは「素敵な相手を見つけよう」と意識しないことね。

恋人だろうが、友達だろうが、師だろうが、
目の前の人といることを楽しんで、会うことを重ねて、
結果としてそういう関係になる。
見つけて捕まえるわけじゃないし、
捕まえたものは逃げていくわ。

Tomy's Voice

094

意見

人のことなんて
わかりっこないから、
他人の意見は基本的外れ。

でも沢山の考え方を知れば、
アナタにとって楽に生きられる考え方もある。
他人の意見はその為に聞くのよ。
自分が傷つく為じゃなく。

Tomy's Voice

095

さじ加減

人生で一番難しいのは、
さじ加減よ。

やりすぎてもいけない。やらなくてもいけない。
いろんなことについて、それぞれのさじ加減がある。
そしてさじ加減は時と場合でまた変わる。
なのにさじ加減の教科書はなく、
アテクシたちは自分自身で探さなきゃいけない。
でもここに人生の味がある。

Tomy's Voice

096

幸せ

アナタは幸せになる資格がある。
もちろんよ！

ただそれは自分自身で与える資格なの。
もたらされるものじゃない。

Tomy's Voice

097

暴走

人は暴走することがあるの。

せっかちだったり、
追い詰められた状況だったりすると、
どんな人でも暴走するものよ。
もちろん暴走していいわけじゃないけれど、
人は完璧じゃないから、
暴走した瞬間だけを捉えて悪く思うと
人間関係を狭くしてしまう。
暴走と、本来の人間性はちょっと違うのよ。

Tomy's Voice

098

生きる

どんなに濃密で
素晴らしい時を過ごした相手でも、
一緒の時を生きられなくなったら、
思い出となり、
どんどん過去に過ぎゆき、
待てば待つほど遠ざかるわ。

「同じ時を生きられる」って
なんて素晴らしいことなのかしらね。

Tomy's Voice

099

感情

人は理屈じゃなくて感情で動くわ。

正論でも嫌いな人のためには動かないし、
理不尽でも好きな人のためには動いてしまう。
笑顔や気配りで、好かれる人を目指すのは実は近道。

Tomy's Voice

100

恐喝

納得していないのに、
相手の勢いに押されて
親切にしてしまうことって
あるわよね。

こういう不本意な親切は、ソフトな恐喝よ。
相手は増長するし、自分は嫌な気分になる。
些細なことでもやってあげず、断りましょ。
むしろ些細なうちにね。
ケチとか言われても気にしない。
相手の為でもあるしね。

Tomy's Voice

101

奥義

「もう知らない！」って
開き直ったら楽になりました。
患者様の言葉。

あっ、これって上手に手放してるわね。
自分が「知る」範囲を最小限にする。
これが「もう知らない」の奥義よ！

Tomy's Voice

102

長い目

**どんな立派な人間でも、
生涯を通して
立派ってわけじゃない。**

しょうもない時期って誰にもあるのよ。
長い間付き合いのある人なら、
「あかんなあ」という言動があっても、
長い目で見てみましょ。

Tomy's Voice

103

歌

アテクシ、自分が辛いときに思ったこと。「何気なく聴いてた歌の歌詞が染みる」

元気になると、染みなくなるから不思議。
歌は必要なときにはその意味を伝え、
必要のないときは静かにしてくれます。

Tomy's Voice

104

批判

**人を批判するときに、
フッと考え直してみて。
自分も批判されてても
おかしくない時期がなかった？**

そう誰でも未熟な時期はあるのよ。
アナタがやろうとしているのは、
相手の悪い時期だけを切り出して
決めつけてる行為かもしれないわ。
人は良くも悪くも変わる。
断罪するのはやめておきましょ。

Tomy's Voice

105

あるがまま

人間関係は結果論よ。
今ある形がその人との関係なの。

過程や経緯はそんなに関係ない。
大喧嘩しても、また連絡来る人は来るし、
大して喧嘩もしていないのに
二度と連絡こない人もいる。
良いも悪いもなく、
あるがままの関係を楽しめばいいのよ。

Tomy's Voice

106

快と不快

嫌な感覚を持ちやすい人は、
心地よい感覚と
置き換えてみるといいわ。

例えばマスクをつけ息苦しいと感じる人は、
「口が暖かい」と置き換えてみる。
外の寒さから口を守るようなイメージね。
するとあら不思議、嫌な感覚がちょっと減るのよ。
快と不快は同時に感じにくいから、置き換えるのよ。

マンガでTomy
欠点って…
欠点のない人なんていないわ。
あの人怒られてもいっつも反省しないのよね…
これは違うだろ!
はぁ～い
欠点って、条件として欠点なだけであって…
次は気をつけよーっと!
あっけらかん
イラー
ドンマイ…
あなたっていっつも前向きねーー!
うらやましいぃっ
そうですかー??
エヘヘ
人間としてマイナスとは限らないもの。
欠けた茶碗も味わいのひとつ。
ね♥

Chapter 3

失礼な人は近づけてはいけないわ

Tomy's Voice

107

理由

上手く行かないときは、たいてい何か理由があるの。

無理にガジガジやるより、
方向を変えて眺めてみたり、
そのまま様子を見たりしたほうがいいわ。
アナタの希望とすることが、
本当のゴールとは限らないから。

Tomy's Voice

108

勇気

勇気が出ない時は、
無理に出さなくていいのよ。

何か引っかかることがあるから
勇気が出ないんでしょ。
怖れることも大切よ。

Tomy's Voice

109

嫌

何かが嫌になったとき、本当にそれが嫌というより、嫌な気分が先にあって、それを何かに当てはめてる可能性があるわ。

しばらくたてば、嫌な気分が落ち着いて、それがさほど嫌じゃなくなるかもしれない。ちょっと様子みることも大切よ。

Tomy's Voice

110

ー
糸

中島みゆきさんの「糸」を聴いて思うこと。

逆に言えば、どんな布も縦糸が抜けてしまえば
バラバラのただの糸なのよね。
一つの出会いの力はこれほどまでに大きいわ。
都合が悪いから、ちょっと気に入らないから
とどんどん縁を切ってしまえば、
いつまでたってもただの糸。

Tomy's Voice

111

大丈夫

ストレスを抱えたときは、
今まで乗り越えた
もっと大変な時期を
思い出してみるのよ。

あれでも大丈夫だったんだから、
今回はもっと大丈夫。
どんな人にも「なるようにする」「ぼちぼちやる」
能力が備わっているのよ。

Tomy's Voice

112

運命

運命の人って、いるとしたら
「世界の色を変えてくれる人」
だと思うわ。

あとは何かとタイミングの合う人ね。
でも運命の人に拘りすぎると
出会えないかもしれない。
自然体でね。

113

不安

「この先自分はどうなるんだろう」
って不安は、
自分だけじゃなくて
みんな抱えてるものよ。

人間の根源的な不安みたいなものなの。
だからなんとかなるんじゃないかしらねえ。
不安になってもならなくても、
結果はかわらないしねえ。

Tomy's Voice

114

永遠

永遠なんてないって
わかっていても、
永遠だと思える瞬間が
あったのなら、
それは永遠なのよ。

Tomy's Voice

115

失礼

失礼な人は
近づけてはいけないわ。

丁寧な人の中にも
悪い人はいるけれど、
失礼な人は間違いなく
失礼な人だから。

Tomy's Voice

116

表面

「自分をよく見せたい」
という気持ちは
一切捨てたほうがいいと思うの。
自分も楽だし、評価もされる。

もちろん表面しか見ない人もいるんだけど、
そういう人に評価されようとしても
チキンレースに巻き込まれるだけで
あまり意味がないのよね。
例外は恋愛の初期ぐらいかしら。

Tomy's Voice

117

信用

**他人に信用してもらいたいのなら、
聞いてもいないのに
自分をあげる発言を
一切しないことよ。**

自分の評価は相手がするものだから。
一番言ってはいけないのは、「信用してください」。
逆に言うと、これを言ってくる人は、
かなり要注意です。

Tomy's Voice

118

自己肯定

自己肯定って大切なこと。
でもね、言い訳したり、
正当化することじゃないの。

自分に起きたこと、自分のいいところ、だめなところ
全部を自分の人生としてそのまま見てあげることよ。

Tomy's Voice

119

エネルギー

細かい嫌がらせは、無視よ。
相手が小さいのに
自分まで縮める必要はないわ。

我慢できないほど大きな嫌がらせになったら、
そのときに盛大に怒ればいい。
エネルギーは必要なときだけ使う。

Tomy's Voice

120

時期

思うようにいかない時期も
あるわよね。

でもそれは、思うようにいく時期になった時、
その喜びをかみしめるためにあるのよ。
無駄はないのよ。

Tomy's Voice

121

他人

自分が他人より出来なくても
落ち込まなくていいわ。

急流の中を遡って泳いでたら、
スピードはゆっくりになるに決まってる。
急流が他人には見えないだけ。
アナタはせいいっぱいやってるんだから、
それだけで素晴らしいの。

Tomy's Voice

122

嫌い

人を嫌わない練習。

どんな人にもいいところはあるもので、
嫌いな人でもいいところを
一つは見つけるようにするの。
人を嫌うという行為自体がストレスになるから、
人を嫌わない練習には意味があるわよ。

123

真実

大勢の人の言うことが
真実ではないわ。
アナタにとっての真実は、
アナタの中にある。

それがわかっていれば、
静かにしていたほうがいいときもある。
他人は他人で、
自分の中の真実しか見えないのだから。

Tomy's Voice

124

漂う

ダメダメな時期は実は楽しいわ。
どう変えたら良くなるのか、
いろいろ考えることができる。

自分をゆっくり見直すいい時期でもあるのよ。
忙しくて勢いのある時期は、
急流下りしてるようなもので、
自分を見直す余裕もないからね。
まったく流れのないところで、漂う時間も必要。

Tomy's Voice

125

モヤモヤ

**不安や劣等感などネガティブな
気持ちを解決するには、
「向き合わない」のもいいわよ。**

抑えるわけでもなく、向き合うわけでもなく、
その辺に置いといて共存する。
モヤモヤもアナタの人生や
個性のスパイスみたいなものだし。

マンガでTomy
ガマンするって…
ガマンしない方法は「目的までの過程」にしないことよ。
休みたい…
けどあそこへ行くまではガマン!!
目的
っっ
ガマンしていること自体を楽しんで♥
た・と・え・ば
ダイエットなら必要な運動を楽しむ。
やせるため
←
体を動かす爽快感
気持ちいい!
食事の工夫を楽しむ。
サラダチキンなら高タンパク低カロリー!
おいしー♥
楽しめないなら楽しめるやり方を探すことを楽しむの♥
これ試してみよ〜かなー
あ、これもやってみたい!

Tomy's Voice

126

信頼

信頼を作るのは実績であって、
関係性じゃないのよね。

友達だから、家族だから、
よく知った人だから信頼できる訳じゃない。
信頼するためには実績を見ること。
信頼されるためには実績を積み重ねること。

Tomy's Voice

127

挽回

人間って、
最後の印象が頭に残るのよ。

いろいろやらかしたって、最後に巻き返せばいい。
つまりいつでも挽回可能ってことよ。

Tomy's Voice

128

無意識

精神的な状態が悪いと、
無意識にできたことが
無意識にできなくなりやすいわ。

「考えずに物事ができる」のは脳が膨大な
情報処理をしてくれているおかげなのよね。
場合によっては「呼吸の仕方がわからなくなる」
なんて症状も出てくるわ。
こういう時は無理せず
精神科の受診を考えてもいいわ。

Tomy's Voice

129

仲間

人生楽しんでいる人と
人は歩みたいと思うものよ。

だから、仲間が欲しいのなら、
仲間がいなくても
人生を楽しめるぐらいの気持ちでいることよ。

Tomy's Voice

130

願う

強く何かを願うと、
他の選択肢が見えなくなるわ。

それがアナタを苦しめるから、

「『できればこうなるといいな』と私は思ってる〜」

とゆるふわっと願うぐらいがいいのよ。

Tomy's Voice

131

失う

人は大切なものを失うことがある。

「なんで失ってしまったんだろう」と
悔やむ気持ちも当然出てくるわ。
でも、人生の中できっと誰もが
大切なものを失っているのよ。
アナタだけがとんでもないミスをして、
普通は失わないものを失ったんじゃないの。
「失う」は普遍的なこと。

Tomy's Voice

132

誤解

誤解されると
訂正したくなるわよね。

でも訂正することでかえって
誤解されることもあるし、
場合によっては放置したほうがいいこともある。
どうしても誤解してもらっては
困る人だけに誤解をとけばいいのよ。
「誤解するのも自由だしね」って
思うとちょっとスッキリするわ。

Tomy's Voice

133

消去法

**やりたいことがわからない時は
消去法で選んだらいいのよ。**

1.大切な人を傷つけない
2.誰にも迷惑かけない
これでいいわ。

Tomy's Voice

134

イライラ

相手の幸せを願うと、
自分も穏やかな気持ちに
なるでしょ？

これを活用して、
イライラしたら誰かの幸せを願えばいいのよ。
発散させなくても
イライラをとることってできるのよ。

Tomy's Voice

135

遠く

嫌なことがあったときは、
視点を遠くに持って行くといいわ。

特に些細なことだとわかっているときはなおさら。
たとえば、さっき職場で怒られて凹んでいるのなら、
5年後の自分を想像してみましょ。
多分どうでもよくなっているか、
あったことすら忘れているはず。ね？

Tomy's Voice

136

選択

人生の選択肢で
悩みに悩んだらこう考えましょ。
「どっちでもいい」と。

明白に片方の選択肢が良かったら悩まないはずよ。
ここまでアナタが悩んだんですもの。
今考えられる中ではどっちでもいいということよ。
どっちを選んでも後悔することはない。

Tomy's Voice

137

瞬間

人生には成功も失敗もないわ。
ただ瞬間を重ねていくだけ。

ならばより良い瞬間をより多く。
アナタの最愛の人たちと。

Tomy's Voice

138

優しさ

人に優しくされると泣いちゃうわよね。

「周りにそんな人がいない」ですって？
だったら優しくされる大切さを知ってるアナタが、
誰かに優しくすればいいのよ。
相手が泣くのを見て、自分も優しく泣けばいい。
優しさも感染するから、
アナタが広げればいいのよね。

Tomy's Voice

139

損

「損したくない」という
考えを捨てましょうね。

全ての物事はつながっていて、
いずれはプラスに出来るもの。
でも「損したくない」と思いすぎると
マイナスの時点で物事を区切って考える癖がつく。
余計「損している」という思いが強くなる。
「損したくない」という気持ちが損なのよ。

Tomy's Voice

140

行動

誰かと遊びに行くにしても、
常に同じ行動をする必要はないわ。

各々好き勝手に行動して、どこかで待ち合わせる。
これだけで充分楽しい。
人生を共に歩むのも同じ。
常に一緒にいなくてもいい。
どこかで待ち合わせをすれば、充分共に歩んでるわ。

Tomy's Voice

141

くつろぐ

先が見えないときは、
その日1日がんばって
楽しんでくつろぐことよ。

明日は明日の風が吹く。
これはいつだって同じなの。

Tomy's Voice

142

つぶやく

色々考えたら、
不安も悩みもきりがないわ。

堂々巡りの小道に迷いこんだら、
「だけど、今は問題ない」と
つぶやいて打ち切りましょう。
確定されたこと以外、準備はいらないのよ。

Tomy's Voice

143

優しさ

優しさを示すと、
要求が増えて
不満を返す人もいるわ。

でも、本当に助かって感謝してくれる人も大勢いる。
不満を返す人は一定数いるものだと割り切って、
自分にできる優しさを示せばいいわ。
ただ優しさは自分のペースで示すもの、
相手の要求に応じなくてもいい。

Tomy's Voice

144

楽しみ

「楽しいことをして生きていく」
って、あまり楽しくないの。

楽しいこともやりつづけていくと
ネタ切れになって楽しくなくなるから。
それより「人の役に立つことをして生きていく」
ほうが楽しいわ。
人の役にたつと、誰かが喜ぶ。
それが面白く楽しくなると、
自ら楽しみを作り出せるようになる。

Tomy's Voice

145

信じる

アナタが素晴らしいことを
続けていても、
すぐに成果がでる訳じゃないわ。

でも、いつか形になる。
それまでは素晴らしさを信じてあげられるのは
自分だけなのよ。
信じることも力なのよ。

相談

「結婚後に夫がゲイだと分かり、いろいろありましたが、なんとか離婚せずに夫婦生活を続けています。夫は性的対象は男性だけど、異性の女性にしか恋愛感情がわかないらしいです。また、性交渉は女性ともできるけど、男性のほうがいいみたいです。今後、どうしたらよいでしょうか？」（30代女性）

アナタなりの答えでいいのよ！

セクシュアリティの問題は、個人差があるし、きっとそういう方がいてもおかしくはないと思うわ。問題は、アナタがそれでやっていけるかということね。アナタの中で釈然としないものがあるのなら、追求してどうするか考えるべきだし、「それでもいいかな」と思えるのならそれでもいいわけなのよ。

他人に聞いても、他人なりの答えしか出てこないわ。アナタが悩んで決めたことであれば、上手くいかなかったとしても後悔しないわよ。そして、世間体や誰かの意見に従って決めたのなら、問題がなかったとしても、後悔が出てくることでしょう。

そして、答えが出てこないときは一旦置いておくことも大切ね。急いで答えを出したからといって、満足いくものになるわけじゃないもの。それに人間関係って水物だから、最初は形が決まらなくても、置いておくことで熟成されたりもするしね。

あとは、いくらでもご主人さんと話し合ってみること。彼が自分とどういう形の関係性を作りたいのか、確認しておくことも大切よね。

夫婦にはいろんな形があると思うし、別れることも含めた上でアナタの納得できる答えを探せばいいと思うの。どうしたらいいのか、アナタが決めた通りでいいのよ。

Tomy's Voice

146

成功

アナタが失敗したくないと思って、
試行錯誤して、
がんばってやった結果なら、
思ったような結果じゃなくても
それは成功なのよ。

それ以上のことはできなかったのだから。
過去の関係と考えて。

Tomy's Voice

147

欲張る

望まなければ
不満は生まれないのよ。

欲張れば欲張るほど、苦しくなるの。

Tomy's Voice

148

打ち切る

答えを出さなきゃいけないけど、
すぐ答えが出ないときは、
「打ち切り」ましょう。

体調やタイミングで
本来すぐ決断できるものができないことがあるから。
そんなときに粘っても大体後悔する。
５分で答えの出ない悩みはとりあえず打ち切り。

Tomy's Voice

149

選択

相手の期待に一切応えなくていいわ。
ただ、「こんな選択肢もある」
というように考えておくの。

その選択肢を自分がやってみたかったらやる。
そうじゃなかったらやらない。
たまたま相手の期待通りだったとしても、
期待に応えた訳じゃなくて選んだだけ。

Tomy's Voice

150

感情

どんな感情も時間がたてば
落ち着いてくるわ。
ネガティブな感情だけでなく
ポジティブな感情もよ。

「好き」「欲しい」という気持ちも離れて
時間を置けば冷静になる。
一目惚れしやすい人、衝動買いしやすい人は、
気持ちが盛り上がってる時こそ
クールダウンしましょう。

Tomy's Voice

151

離れる

好きなことなのに、
上手く行かなくて辛いときは、
一旦「好きなこと」から
離れてみたらどうかしら？

実は好きだと思いこんでるだけで
好きじゃないこともあるし、
好きだったけど気がついたら
そうじゃなくなってることもあるし。
人間だけでなく、
物事に対する気持ちも変化していくのよ。

Tomy's Voice

152

黒歴史

黒歴史なんてありません。
どれもアナタの立派な歴史よ。

もし問題があるとすれば、
「過去の自分に自信が持てず、
黒歴史として切り離したい気持ち」なのよね。
全ての歴史がアナタを形作ってるんだから、
恥ずかしいことなんてないのよ。

Tomy's Voice

153

幸せ

日常は毎日繰り返されて、
退屈で、確実なものに感じるわ。

でも実際にはちょっとしたことで壊れる儚《はかな》いもの。
そして自分の大切な居場所。人生そのもの。
日々の当たり前を大切にすることが、
大きな幸せになっていくのよ。

Tomy's Voice

154

味方

人が落ち込んでいる時、
気の利いた言葉は
必須じゃないのよ。

味方でいたいアナタの気持ちが一番の薬なの。

Tomy's Voice

155

渡す

人に甘えるのが苦手な人は、
自分がやるべき、
自分にしかできないことを
やるために、それ以外を
「渡す」のだと思いましょ。

甘えるんじゃなくて、渡すの。
自分にしかできないことに集中するのは、
みんなのためにもなるから。

Tomy's Voice

156

一愛

愛されるためには、「誰からも愛されなくていい」と思う方がいいのよ。

そんな生き方をしている人は格好よくて愛らしい。
氷川きよしさんのインタビュー記事読んで思った
アテクシでした。

Tomy's Voice

157

肯定

自分の選択が正解か不正解か
なんてことはないの。
肯定できるかどうかだけ。

そして、他人には、肯定も否定もできないのよ。
アナタが肯定しなくて誰が肯定するのよ。

Tomy's Voice

158

一運

運は最初から当てにすると無くなるのよ。

「やれるだけのことをやって、
もう後は運にお任せするしかない」
って人が運を味方につけられる。
「運がいいから、これぐらいでなんとかなるだろう」
ってあまえちゃダメよ。運にも心がある。
がんばった人、誰かの役に立ちたい人の
応援をしたいのよ。

Tomy's Voice

159

物差し

皆が善しとするものが
いいとは限らない。
皆が悪しとするものが
悪いとは限らない。

常に自分の物差しを心に置いて、
自分の目で見ましょ。
今は情報が多過ぎて、
逆に自分の物差しが必要なのよ。

Tomy's Voice

160

孤独

どんな人にも各々の人生があって、
苦労して悩んで生きてるのよね。

そしてその人にしかその人の気持ちはわからない。
みんな孤独でがんばってるのよ。
だからこそみんな尊敬してしまうし、
人の尊厳ってそれなんだと思う。

Tomy's Voice

161

振り返り

「だめな奴と思われてないか心配」
そう思うアナタは自分のことを
よく振り返っているわ。

いや、ちょっと振り返りすぎなぐらい。
だめなわけないじゃない？ むしろ逆よ。
自信満々な人や「俺って貢献してるし」と思ってる人。
こっちのほうがよっぽどだめ。

Tomy's Voice

162

勝ち負け

勝ち組とか負け組とか考えたら負けよ。

人生は勝ちか負けかで答えるには壮大すぎるわ。
そして長い。
伸び伸びと盛大に勝って盛大に負ければいい。
こぢんまりしてもかわいい。

Tomy's Voice

163

一休み

焦っても、
アナタの苦労が、アナタの悩みが、
早く片づく訳じゃないのよ。

疲れたタイミングで一休みしなさいな。
とりあえずね。

Tomy's Voice

164

得意

行き詰まってるときって、
大体苦手なところで滞ってるのよね。
こういうときは
やりたいことをやりましょう。

伸び伸びと楽しくやれることをね。
自分の苦手なところをすっ飛ばして、
得意なところを伸ばせばいいのよ。
自信なくす必要ないわよ。

Tomy's Voice

165

評価

自分の生き方の評価なんて
自分にしかできないのよ。

仕事や成績じゃないんだし。
他人の評価の意味はないから、
起きてしまったことは否定しなくていいのよ。

マンガでTomy
受け入れられない人って…
まったく受け入れられない人と一緒に過ごす羽目になったのなら…
今日はよろしくー
げっ
いっそ相手を宇宙人だと思ったほうがいいわ。
この人は宇宙人だ!!
ワレワレハ…
いい悪いではなく文化…いや、文明が違うくらいの人ってすぐ隣にいるものね。
ボクの若い頃はねありえなかったよ…
はぁ…
君も気をつけたほうがいいぞ!
理解しようとするよりも…
お言葉ですが今はそういう時代ですし!!
共通言語を探るくらいの期待値でいるほうがストレスがないわよ♥
…ってま、通じないからいっか♥
そーですね!
だろ?

Chapter 4

思い通りに行かないって素敵なことよ

Tomy's Voice

166

大切に

大切な人は、
自分が大切にしているから、
大切な人なんです。

大切にしていなければ、
大切にされたいとだけ思っているのなら、
アナタに大切な人はいない。
愛は誠実にメンテしましょ。常に相手を大切に。

167

夢

たまに自分の夢を
他人に叶えさせようとする
人がいるのよね。

「アナタには○○してほしかった」

一見優しそうに見えるけど、ちっとも優しくない。

他人の夢はいらないわ。

Tomy's Voice

168

思い通り

思い通りに行かないって
素敵なことよ。

思い通りに行かないから、願いや希望を持てる。
自分とは何かが感じられる。
もし、何もかも思い通りになったら、
生きている実感がなくなっちゃう。
現実が夢やお話と変わりなくなるもの。

Tomy's Voice

169

子供

**なんとなくストレスが
たまってきたら、
子供の時のこと思い出しましょ。**

お菓子食べたり、バタバタ走ったり、
マンガ何度も読み直したり。
そんなことでも充分楽しかったあの頃。
大人になると贅沢に気にかけることが多すぎて、
ストレスが溜まるだけ。
心の内側をミニマムに。

Tomy's Voice

170

流される

周りに流された方が
楽に見えるけど、
本当は流されない方が楽よ。

周りに流されて上手く行かなかったら
モヤモヤするけど、
自分で決めて上手く行かなくても納得できるから。

Tomy's Voice

171

縛り

自分の守るべきものって、
少ないほうがいいのよ。

なんなら、別に無くてもいいのよ。
「守るべきものがある」というと
カッコ良く感じるけど、
縛られて柔軟に生きられなくなったら意味がない。

Tomy's Voice

172

声

問題点は
何も声を上げない人のところに
眠っていることが多いわ。

本当に問題を抱えている人は、
声を上げる余裕もないから。
だから愚痴も文句も言ったことないような人こそ、
気にかけてあげて。
そんな人は、突然潰れてしまう。
それから手を打っても遅いこともあるから。

Tomy's Voice

173

穴

本当に辛いときは、
自分の心に穴があいているの。
そうすると得体のしれない人が
近づいてくることがあるわ。

特に「私に任せればいいの」
という人には気をつけなさい。
穴から侵入して乗っ取られないように、
少なくとも自分の頭で考えるようにしなさい。

Tomy's Voice

174

等価

立場や年齢が違う人と
交際するときは、
「気持ちの等価」を意識するといいわ。

贈り物をしたり、奢ったり、
同じように返せなくても
感謝の気持ちを自分なりのやり方で
お返しすればいい。 感謝や思いやりが
等価であれば、上手く関係は続くわ。

Tomy's Voice

175

—夢

夢は破れない。

破れても縫えばいいし、つぎはぎでもいい。
とりあえず握りしめて、
自分が納得できるタイミングで、
納得できる形にすればいいのよ。
アナタが破り棄てない限り、夢はあるの。

Tomy's Voice

176

悲観

人は「自分が失敗しやすい」と感じやすいものよ。

なぜなら自分がトライするときには
成功するか失敗するかわからない。
でも周りの人はアナタが失敗した後で
「○○しておけば良かったのに」という。
だから周りの人の方が的確に見える。
当たり前のことだから自分を悲観しなくていいわよ。

Tomy's Voice

177

スランプ

何をしても動かない、
上手く行かない時期のことを
スランプと言うわね。

でも、アテクシ的にはさなぎの時期よ。
やり方を変えたり、
新しいものを生み出すのはさなぎなのよ。
さなぎは動かないけど、
中でダイナミックな変化が生まれて、
やがて蝶となるわ。
安心してさなぎを楽しみましょう。

Tomy's Voice

178

話し合い

議論は
答えを探している者同士で
行うものなのよ。

答えを変える気のない者同士が話し合っても
時間の無駄。
相手がそんな人だと思ったら、
「あなたが正しい」というフリをしてでも
そっと立ち去ったほうがいいわ。

Tomy's Voice

179

懐古

「過去ばかり振り返るな」
なんていうけどね、
ある程度年重ねてきたら
過去の思い出が
いっぱいになりますからね、
ボーッと浸っていても
いいと思うのよ。

懐古主義、別にいいと思うわ！

Tomy's Voice

180

嫌

嫌なことでも、
嫌っていえないことあるわよね。
自分のわがままだったり、
立場上の問題だったり。

そういうときは「私はこれが嫌じゃない」って
無理に思わなくていい。
心の中で、自分の部屋の中で、
「本当は嫌なんだよ！」って叫んじゃえばいい。
そうやってモヤモヤをぶっ壊しておくの。

Tomy's Voice

181

瞬間

その瞬間というのは、二度と得られないものなのよ。

同じような事をしていても、
その人とだけ、その時代だけ、
その瞬間だけにしか味わえない
空気感というものがあるの。
アテクシたちは一度しか得られない貴重な瞬間を、
次々と与えられながら生きている。

Tomy's Voice

182

ツボ

**人には触れちゃいけないツボって
いうのがあって、
そこに触れると
付き合いにくい人に
なることがあるわ。**

でも、普段がいい人ならばそこは大目に見て
（でも忘れずに！）つきあっていいと思う。
人間ですからね～。
自分だってそういうところあるかもしれないし。

Tomy's Voice

183

否定

人の行動を変えるときに、相手を否定する言葉はいらないのよ。

むしろ否定なんかしたら、付いてくる人も付いてこなくなる。
問題を指摘するのはいい。
でも、相手を否定するべきじゃないわ。
「アナタのために」といいつつ、人格否定をするのは大きな矛盾。

Tomy's Voice

184

信じる

人生は常に
何かを失いゆくものだから、
時として信じ難いような事態が
起きることがあるわ。

そんな時は、自分ならば何かが得られるはず
と信じてやりすごすしかないわ。
そしてアテクシは、
誰もが何かを得られるはずだと信じています。

マンガでTomy
ストレスって…
ストレスを感じにくくさせるには、なるべくひとつのことに意識を集中させること。
老後の経済不安
いやな上司
子どもの学力不足
ストレス…
ヨヨヨ…
たとえば今、掃除しているのなら掃除に全意識を集中させる。
ヨーシ！徹底的にきれいにするぞ！
いろいろ考え出すとストレスが増えるから…
集中!!
ストレス
ス
目の前の作業を味わうように没頭すること!!

Tomy's Voice

185

目標

目標って苦行じゃないのよね。

それがあることで人生を充実させる為のものよ。
目標を目指してるのに楽しいと思えないなら、
それは目標じゃないわよ。

Tomy's Voice

186

仲たがい

人と仲たがいしても、
あまり気にしないようにしましょ。

もともとあった問題が表面に出てきただけだから。
縁があればまたつながるし、
そうじゃなくてもそれでいい。
誰かが悪いわけでもない。
全ては自然体、自然体。

Tomy's Voice

187

簡潔に

言いたいことが
上手くまとまらない時は、
簡潔に言うのが一番いいわ。

そして普段から簡潔にする癖をつけておくと
なお良いわね。
簡潔に言えないときは、
・嫌われたくない
・いざというとき言い逃れしたい
などの邪念が入ってることも多いわね。

Tomy's Voice

188

自信

自信をつける方法を
考えてみたんだけど、
なんやかんや
自分の人生を支えてきたのは
自分じゃないのよ？

人に頼ったって、劣等感に悩まされたって、
いつだって自分の人生は自分でやってきたのよ。
だからＯＫ！

189

悪口

最近アテクシ悪口を言うことも、
聞かされる機会も減ってるわ。

人間関係が上手くいってる証拠なのでしょう。
それに自分の時間が大切だから、他人の悪口に
つき合っている時間がもったいないのよ。
逆に上手くいっていないときは悪口を言わず、
悪口につき合わずを実行すればいいかもしれないわ。

Tomy's Voice

190

頑張る

頑張るっていうのは、
努力が楽しくなるよう
念入りに準備することなのよ。

苦痛なままやり続ける必要はないのよね。
むしろそれだと頑張れないでしょ。

Tomy's Voice

191

走馬灯

死ぬ前に人生のシーンが
次々と流れると言われる走馬灯。

何か嫌な思いをして泣きそうになったら、
「このシーン走馬灯で流れるかしら」って
考えてみればいいわ。
たいていは流れそうもないような、些細なこと。

Tomy's Voice

192

意見

アナタが目にする意見は、
「アナタを動かしたい」と
思う人が発しているのよ。

そう思っていない人は、
意見や感想があっても口にはしない。
クレームを沢山目にしても、嫌われてるとは限らない。
誰も何もいわなくても、好かれてるとは限らない。
目の前の意見だけに振り回されないことは大切。

Tomy's Voice

193

好き

「好きなのになかなか上達しない」
「好きなのに
なかなか評価されない」
こんな風に悩んでいる方へ。

大丈夫よ。「好き」も才能の一つよ。
好きってだけで、何度でもチャレンジできるし、
練習もできる。
それが好きなんですもの。好きは一番の強み。
いつかは報われるから焦らないで。

Tomy's Voice

194

厳しく

優しさは時に厳しい。
厳しさは実は優しい。

相手を大切に思えばこそ、
厳しくしなきゃいけないときもあるわ。
でもそれは残酷じゃない。
アナタなりの信念があるのなら、
自信をもって厳しくしなさい。

Tomy's Voice

195

初心

最初にどんな気持ちで
それを始めたのか、
メモしておくといいと思うわ。

時折読み返して「初心」を思い出すために。
初心というのは意外と忘れる。
初心がこのままでいいのか、
そうじゃないのか教えてくれることがある。

Tomy's Voice

196

成長

体力や若々しさには
ピークがあるけど、
経験値は増えていく一方よ。

大丈夫、人は成長し続けられるわ。

Tomy's Voice

197

使命感

**若いときは
自分のために動くのが楽しい。
でも、年を経るごとに
そうでもなくなっていくわ。**

どんな娯楽もいつかは飽きる。
即物的な楽しみには限界がある。
代わりに大切になってくるのは使命感。
他人のために動くことよ。
使命感で動く人は義務感だけじゃない。
それが自分の喜びでもあるの。

Tomy's Voice

198

役立つ

人に何かを教えるときは、

「相手の役に立ててほしい」

と思って教えるのがいいわ。

師だから、立場が上だから、
と思って教えると相手に響かないの。
だから優秀な師ほど謙虚なの。

Tomy's Voice

199

幸せ

待つのは辛いわよね。
でも、いつか
訪れるから待つことができる。
それは幸せなことよ。

もう二度と起きないという事実は辛いわよね。
でも、期待する必要がなくなったのよ。
それも幸せなことよ。

Tomy's Voice

200

強気

強気な人間に対応するときって
実はチャンスなのよ。

強気な押しで乗り切ってきた人だから、
冷静に観察してみるとアラがある。
ゆっくり対応していると、
強気が持たずにボロが出る。
相手の勢いにのまれなければ、
意外とたやすい相手なのよ。

Tomy's Voice

201

頼る

依存というのは
アルコールやタバコだけじゃない。
何かに頼るのは簡単だけど、
そこから抜け出すのは難しいのよ。

（違法じゃなければ）
頼っていけないわけじゃないけれど、
「出口」のことをイメージして緩く頼る。
それが大事よ。

Tomy's Voice

202

寂しさ

人生は喪失を味わうものよ。

みんな寂しいの。
ただ寂しさの形と
タイミングが違うだけ。

持たない人などいないの…。
寂しさ

Tomyの部屋

相談

「会社員として働いており職場の上司や同僚、家族や友人関係も良好で、恵まれた毎日を送っています。でも時々、何のために生きているのか分からなくなります。充分幸せで恵まれているのに、生きる意味が分からなくなったりするのです。坦々と繰り返す毎日が、時々無意味なものに思えてしまいます（40代男性）

生きる意味なんて、最初からないわよ

生きる意味って、実は最初からないのよ。生まれて死んでいくというだけのこと。でも、生きている以上は、生きている時間を充実したものにしたいじゃない？　それだけのことなのよ。

言い方を変えれば、生きること自体に意味があるともいえるわね。生きることに何か意味を見出《みいだ》すのではなくて、生きることが意味なの。今はわからないだけで、坦々と繰り返す毎日が、いかに素晴らしいものかわかる日が来ると思うのよ。

もし、それでも辛く感じてしまうのなら、時々日常を変えてみる体験をしてみるといいわね。たとえば旅行とか引っ越しとか留学とか、全く違う時間を作ってみるの。今すぐできないのなら、その準備をするとかね。

たぶんアナタの人生、今まで寄り道が少なかったのよ。寄り道が少ないと、本道にいるときの喜びがいまいちわからなくなったりするの。後からでもいいから、少し寄り道してみて、自分の人生にメリハリをつけてもいいと思うわ。

だってね、死んでしまったらアナタの名前も性別も人間関係も経歴も、地球にいることも、今の時代にいることも全てが無くなってしまうのよ。だからこそ、生きる意味があるのよ。今のアナタは有限で、唯一無二の人生なんだから。

それだけで充分すぎると思わない？

Tomy's Voice

203

時間

慣れきったことをすると
時間はあっという間にすぎていくわ。

でも、新しいことに取り組むと時間は長く感じる。
行きの道は知らないから長く感じるけど、
帰りは短く感じるわよね。
これを応用して、人生を長く味わいたいのなら、
色々新しいことを定期的に
交ぜてみるといいんじゃないかしら。

Tomy's Voice

204

飽きる

飽きるって悪いことじゃない。
同じことが
繰り返されるから飽きる。

でも、同じことが繰り返されるのは幸せよ。
そこに日常があり、自分を支えてくれる基盤がある。
今日もいつもの顔ぶれと挨拶して、
ご飯食べて、笑って、喧嘩して。
飽きて飽きて、でも幸せよ。

Tomy's Voice

205

かみしめる

大切な人との時間が
限られていると
頭ではわかっているのに、
一緒にいると永遠に続くように
感じるのはなぜなのでしょう。

後から思い出すより、今かみしめる方が幸せよ。
日常として流すとあっという間に過ぎ去るから、
今一緒にいる人との時間を意識して味わいましょ。

Tomy's Voice

206

―非

自分の人生で「どうしても許せない部分」ってあるわよね。

でも、そんな部分も含めてトータルでまあまあなら、
それでいいんじゃない？
非の打ち所のない人生っていうのは、
自分が「非」を打たなきゃできるのよ。

Tomy's Voice

207

天気

低空飛行でも
安定してたらそれでいいのよ。

人の心にもお天気がある。
今日は今日のお天気。
明日は明日のお天気。

Tomy's Voice

208

寂しさ

寂しさは
どんなものも抱えきれないわ。

だから抱えなくていいの。
忘れられる瞬間があればそれで充分よ。

Tomy's Voice

209

人間関係

年賀状を送りあっているだけの
人間関係が、
それ以上に深まることは少ないわ。

逆に普段から親しくしているのなら、
年賀状を送り忘れても人間関係が壊れない。
結局お互いが人として好きかどうかが大切なのよね。
お付き合いの形式だけに囚われず、
人間関係の質を意識することが大事。

Tomy's Voice

210

味わう

人生にゴールはないわ。
ただ始まって、いつか終わるだけ。

どうせゴールがないのなら、
あわてる必要も駆け抜ける必要もないと思うの。
周りの景色を見ながら、鳥のさえずりや、
道端の花、爽やかな風を感じながら、
進むことを味わって生きていけばいいと思う。

Tomy's Voice

211

自然

てっとり早い
幸せの作り方は
自然に触れることよ。

子供の頃、野山を駆け回ったりするだけで
笑顔になれたでしょ。
アテクシたちも自然の一部。
陽の光を浴びたり、心地よい風をかんじたり、
樹木と共に呼吸したり、
それだけで充分幸せな気分になれるわ。
生きるというのは、自分と世界の会話なの。

Tomy's Voice

212

あの時

二度と戻れない時のことを思うと、
何かを失ったような
気持ちになるわね。

でも、何も失われてはいないの。
当時のことを思い出せば、何度でも蘇るでしょ、
あの時の気持ち。

Tomy's Voice

213

周り

自分のことが
わかっていないのなら、
周囲の人間を見ればいいのよ。

周りに素晴らしい人が多いのなら、
アナタも素晴らしい人よ。
え、嫌な人間だらけだって？
でも一番身近にいい人がいるのなら大丈夫よ。
誰もいい人間がいなければ、
ちょっと言動を見直してみましょ。

214

自分

**自分が何者かになりたいと
願うのは良いことだけど、
自分らしくあることを
差し置いていっちゃだめよ。**

土台は自分が自分であることよ。

Tomy's Voice

215

嫉妬

「うらやましい」
と思う気持ちって、
たいてい無い物ねだりなのよ。

その方向から物事を見ていても
うらやましい気持ちのままだから、
違う角度から見るようにしたほうがいいわ。
自分には無いのは、
代わりの何かを得ているからかもしれない。

Tomy's Voice

216

感動

まとまりました！
アテクシの人生の目標はこれよ。

「できる限り人生に感動を追加する」

Tomy's Voice

217

楽しさ

楽しいイベントを待ち遠しく思い、
それまでの日々を
忍ぶ生き方はもったいないわ。

生きてる時間の大半が我慢する時間になっちゃうもの。
毎日の中に、楽しい一時を交ぜ込んでおきましょう。
ジムで泳ぐも善し、新しい入浴剤を試すも善し、
アイスクリームを食べるも善し。

218

やる

自分の思いつきがすぐ実ることってあまりないのよね。

いくら才能のあることでも、
種をまいて育てないといけない。
そしてその種がいつ収穫の時期を
迎えるかわからない。
やってみたいことは
日頃からあれこれやっておきましょう。
すぐに結果につながらなくても
面白ければ継続することが大切よ。

Tomy's Voice

219

他人

人が他人に対して抱くのは、
基本的に批判ではなくて
「感想」に過ぎないのよ。

他人の情報なんて間接的にしか知り得ないし、
真実かどうかもわからないでしょ。
批判しても的外れで
他人を傷つける可能性しかないから、
言う必要はない。
言うならば、本人の為に本人に確認しながら言う。

220

あきらめ

あきらめるための裏技。
それは、手に入れた後の
自分を具体的に想像してみることよ。

目的が達成されると、多くのものは消えてしまうの。

達成できていないから
目的が生まれるのを逆手にとるの。

「手に入れたら、『ああこんなもんだ』ってなるかも」

とイメージできると、あきらめ上手になるわ。

Tomy's Voice

221

現実

立派な功績のある人も、沢山財産を築いた人も、スーパースターもいずれ皆土に帰るのよ。

あっちには何一つ持っていけない。人生で何かを成したかどうかなんて、幻想みたいなものよ。アテクシたちにできるのは、現実という夢を楽しくみること。

マンガでTomy
人と比べるって…
あの人いつも高そうな服着て…バッカみたい！
あの人ばっかりいい仕事がくる…私の方が仕事できるのに!!
「自分の土俵と他人の土俵が違う」ってことがよくわからないんだと思うのよ。
同じ時代、同じ空間にいても人生は自分自身唯一のもの！
はっ
私の土俵
比較する意味はないのよ。
アテクシはアテクシの人生を大切に生きる！

おわりに

実はアテクシ、子供のころはあまり悩みがありませんでした。あえて言うなら受験が悩みでした。大学受験さえ上手くいけば、悩みはほぼなくなるだろうと思っていたのです。無事に医学部に入り、医者になり、結婚し、子供を育て、おじいちゃんになり……そんな人生になるんだろうと思っていました。

ところが思春期を過ぎて自分がゲイだと自覚し、このあとどうすればいいかわからなくなったのです。そして、親へのカミングアウト、父親の死、パートナーの死など、追いつかないぐらい悩みがわいてくるようになりました。

そこでアテクシ、ふと気付きました。

「悩みって、しらみつぶしに解決しようとしたら間に合わない」ってことに。

そして、どうしたら悩みが減るのか考えるようになりました。精神科医をしていると、病気の治療だけでなく、患者様の様々な悩みを聞くことも多いです。

アテクシ自身もそれなりに大変な悩みもありましたが、患者様に降りかかる問題、そこから来る悩みも相当なものです。

アテクシは「ちょっと発想を変えれば悩みが減る」と思い至り、限られた診察時間の中で、いろんなアドバイスをしてみました。悩みというのは悩むから悩みになるのです。だから、悩まないようにする考え方もあるはず。最初はピントがずれたものもあったと思いますが、徐々にコツがつかめるようになってきました。こうしてアテクシの頭の中に「悩みを吹き飛ばす言葉」がどんどん蓄積されていったのです。この本はそんな悩みを吹き飛ばす言葉をめいっぱい詰め込みました。アナタが悩んだ時、何度でも活用してくださいね。

最後に、前作に引き続き、この本を世に出す機会を与えてくださったダイヤモンド社の斎藤順様、この本をお手におとりいただいた読者の皆様に、心よりお礼申し上げたいと思います。

皆様の悩みが吹き飛び、人生をより楽しめますようお祈り申し上げます。

精神科医Ｔｏｍｙ

２０２０年８月

[著者]
精神科医 Tomy（せいしんかい・とみー）
1978年生まれ。某名門中高一貫校を経て、某国立大学医学部卒業後、医師免許取得。研修医修了後、精神科医局に入局。精神保健指定医、日本精神神経学会専門医、産業医。精神科病院勤務を経て、現在はクリニックに常勤医として勤務。2019年6月から本格的に投稿を開始したTwitter『ゲイの精神科医Tomyのつ・ぶ・や・き♥』が話題を呼び、たった半年で10万フォロワー突破。2021年11月時点で25.5万フォロワー突破とさらに人気急上昇中。覆面で雑誌、テレビ・ラジオ番組にも出演。舌鋒鋭いオネエキャラで斬り捨てる人は斬り、悩める子羊は救うべく活動を続けている。『精神科医Tomyが教える　1秒で不安が吹き飛ぶ言葉』（ダイヤモンド社）からはじまった「1秒シリーズ」4作は、いずれもベストセラーに！

精神科医Tomyが教える
1秒で悩みが吹き飛ぶ言葉

2020年８月５日　第1刷発行
2021年11月11日　第7刷発行

著　者――精神科医 Tomy
発行所――ダイヤモンド社
〒150-8409　東京都渋谷区神宮前6-12-17
https://www.diamond.co.jp/
電話／03-5778-7233（編集）　03-5778-7240（販売）
デザイン――金井久幸、高橋美緒（TwoThree）
DTP――TwoThree
イラスト――カツヤマケイコ
校正――鷗来堂
製作進行――ダイヤモンド・グラフィック社
印刷・製本―三松堂
編集担当――斎藤順

ISBN 978-4-478-11116-1